藏在博物馆里的
中国历史

三国两晋南北朝那些事儿

有识文化 编著

成都地图出版社

成都地图出版社

目录

南北朝 （420—589 年）

南北朝 （420—589 年）

三国时期地图

青瓷羊形烛台

三国时期的青瓷器在产量、种类和质量上都比东汉时期有所提高.

赤壁之战

孙刘联军在长江赤壁用"火攻"大破曹军,奠定了三国鼎立的基础.

三国"赵濯"青铜弩

国家一级文物,上面的铭文反映了三国孙吴的世袭领兵制度.

曹植墓组玉佩

三国时期,玉佩出现了新形制,组合形式也发生了变化.

三顾茅庐

刘备想要兴复汉室,三次前往隆中拜访诸葛亮,请他出山.

匈奴

乌 孙

阿尔泰山脉

昆仑山脉

羌

氐

葱岭

乌拉雅山发

羌

霹雳车

由曹操命工匠所造，用于战场上向对方发射石块，威力巨大。

鲜卑

大兴安岭

挹娄

夫余

长白山脉

娄沃

高句丽

沮

贺兰山

阴山山脉

羌

河水

胡

黄河

河

魏

渤海

勃海

黄海

东海

神兽纹青铜镜

三国时期，吴国拥有丰富的铜矿，青铜镜制造业最发达。

蜀

汉

江

长江

水

江

吴

大泉五千

三国孙吴所铸的大钱，圆形方孔，存世极少。

东海

夷洲

朱崖洲

南海（涨海）

蜀汉

吴

朱崖洲

夷洲

南海（涨海）

南海

飞来的梦想
——青釉褐彩羽人纹双系壶

"飞来的梦想，将前生与来世的故事都说透。"

青釉褐彩羽人纹双系壶是南京六朝博物馆的镇馆之宝，也是国家文物部门规定的"禁止出国（境）展览的文物"，任何人想要目睹它的真容，只能亲临六朝博物馆。

青釉褐彩羽人纹双系壶造型完美，细颈盘口，壶腹圆鼓。盖贴塑一鸾鸟为钮，周围绘两柿蒂纹及四组人首、鸟、仙草纹图案。双系壶描绘有21个羽人，上层11人，下层10人，两两相对。羽人双手持节，其间以仙草和云气纹点缀，笔墨流畅，气韵生动。彩绘图案充满神奇怪异气氛，反映了当时的社会思想和习俗。

这件青釉褐彩羽人纹双系壶集陶瓷工艺与绘画技巧于一身，该壶采用了釉下彩绘工艺。整个壶体是用褐黑彩在瓷胎上作画，然后施以青釉，入窑经 1300℃ 的高温烧成，是东吴时期最完整的绘画艺术珍品，也是我国迄今为止最早以绘画技术美化瓷器的器物，堪称瓷器中的极品。

文物档案

名称：青釉褐彩羽人纹双系壶

年代：三国

材质：瓷

规格：通高 32.1 厘米
口径 12.6 厘米
腹径 31.2 厘米
底径 13.6 厘米

出土地：江苏南京

收藏地：南京六朝博物馆

群雄争霸

混乱的时局成为了野心家的舞台。

吕布

吕布，字奉先，董卓义子，英勇无比。董卓赞其武艺而赠予赤兔马，后人称"人中吕布，马中赤兔"。

董卓之乱

东汉末年，陇西豪强董卓率军进入洛阳，另立刘协为帝，各地诸侯起兵讨伐，董卓兵败，洛阳被烧成一片废墟。

"挟天子以令诸侯"

196年，曹操迎接汉献帝刘协到许昌建都，独揽朝政，开始"挟天子以令诸侯"。

官渡之战

200年，河北军阀袁绍起兵攻打曹操，两军对峙于官渡，曹军声东击西，偷袭乌巢，大败袁绍。此战奠定了曹操统一北方的基础。

三顾茅庐

刘备想要复兴汉室，三次前往隆中请诸葛亮辅佐自己，诸葛亮最终被刘备的诚心感动，出山辅佐刘备。

孙刘联盟

曹操南征荆州，其势如破竹，刘备败走，求救于江东。鲁肃说服刘备与孙权联合，但孙权持观望态度。诸葛亮请命出使东吴，说服孙权联盟抗曹。

诸侯割据，烽火连天
时代造就英雄
有人崛起，有人谢幕
天下已经没有共同的主人

东汉就像是一个垂暮的老人
狼烟四起的大地
预示着这个王朝的结局

割据江东

孙坚之子孙策、孙权，继承父业，举贤任能，爱护百姓，终于在江东建立割据政权。

赤壁之战

208年，孙刘联军在长江赤壁用"火攻"的计策大破曹军。这是中国历史上以少胜多、以弱胜强的著名战役，此战奠定了三国鼎立的基础。

"瓷"老虎
——"赤乌十四年"款青釉虎子

"越瓷中的精品之作，引领了三国时期的艺术潮流。"

初看这件文物，会让人心生疑惑，因为它像极了夜壶（尿壶）。夜壶在唐朝以前叫虎子，虎子起源于战国时期，流行于汉及六朝，因外形似虎而得名，总体造型基本一致，每个时代在细节刻画上有所不同。

关于虎子的用途，通常认为是一种尿壶，但此器腹部刻有"赤乌十四年会稽上虞师袁宜作"和"制宜"的铭文，表明袁宜于东吴赤乌十四年（251年）制作了这件瓷器。它是中国现有纪年铭文的古瓷中，时间最早的一件。同时，它明确地标明吴帝的年号和瓷工自己的姓名，不应该作为尿壶，而应是当时盛水的水器。

这件青釉虎子由越窑烧

制，全身饰淡青釉，通体浑圆，斜颈圆口，腹上有弓背奔虎状提梁，尾随器弯曲下垂，似一只蹲伏的猛虎。铭文是先划在器坯上的，然后再涂上青釉烧制而成，说明是特意精心制作的。

魏晋以来，战乱不已，文人士大夫对生命和人生有着深刻的感受，开始追求现实生活的精细与艺术，由此助推了青瓷的生产。

文物档案

名称： "赤乌十四年"款青釉虎子

年代： 三国

材质： 瓷

规格： 高 15.7 厘米
长 20.9 厘米

出土地： 江苏南京

收藏地： 中国国家博物馆

赤壁之战

为了阻止曹操南下，孙权和刘备组成联盟，在长江赤壁一带击败了南下的曹操大军。

赤壁之战是三国时期最著名的一场战役，也是史上第一次大规模的长江作战。

黄盖提出火攻敌船的计策，烧毁了曹军的大量战船，孙刘联军大破曹军。

曹军撤退前将剩余的战船都烧毁了，又因饥疫，导致大半战士都被饿死。

赤壁之战后，曹操退回北方，休养生息，孙权、刘备夺得一部分领土，从此形成了三国鼎立的局面。

参与赤壁之战的主要指挥官有曹操、刘备、孙权、诸葛亮和周瑜等人。

三国时期战船开始普遍使用，造船技术也十分高超。

庶民的理想
——"永安三年"款堆塑谷仓罐

"丰衣足食，是每个乱世小民的生活理想。"

谷仓罐盛行于三国和西晋时期，由东汉时的五联罐演变而来，形状如坛，是当时越窑烧制的殉葬品。罐上堆塑的内容复杂，亭台楼阁、飞禽走兽、乐舞杂技、当时贵族豪门生前居住的城堡式楼阁建筑，以及奢侈的生活场景等，其目的在于"所堆之物，取子孙繁衍、六畜繁息之意。以安死者之魂，而慰生者之望"。

这款"永安三年"款堆塑谷仓罐由大小罐重叠而成，大罐上面置有四小罐。器身堆贴多组纹饰，上半部一面为崇楼飞檐，楼下有碑阙、走兽，阙下有八位侍仆各执不同的乐器，正面席地而坐；四小罐上飞鸟栖落。谷仓的下半部是一个完整的青瓷罐形，罐肩部位雕塑乌龟驮碑，碑面刻"永安三年"等二十四字，均为古语。龟

周围有人物及鹿、猪、龟、鱼等动物。整个胎体呈灰白色，平底略显内凹。

　　1700多年前的庄园五谷丰收的场景在这个谷仓罐上得到淋漓尽致的展现，生活气息浓郁。由此也可以看出，当时农业得到长足发展。

这件精美的随葬品，跟随主人于泥土中千余年之久，可能在祈求主人仍能享受生前五谷丰登的喜悦吧。

文物档案

名称："永安三年"款　　堆塑谷仓罐

年代：三国

材质：瓷

规格：高 46.4 厘米　　口径 11.3 厘米　　底径 13.5 厘米

出土地：浙江绍兴

收藏地：故宫博物院

三国鼎立

三国鼎立局面的出现实现了几个大范围的局部统一，是历史的一大进步。

夺取益州

割据益州的刘璋因惧怕曹操而请占据荆州的刘备率军入川抵御曹操，后来二人反目，刘备乘势夺取了益州。

统一北方

官渡之战后，曹操取代袁绍统一了北方地区，后来又陆续平定汉中张鲁和西凉马腾、韩遂、马超等割据势力，统一了关中和西北地区。

三国鼎立

220 年，曹丕篡汉称帝，国号魏；221 年，刘备称帝，史称蜀汉；229 年，孙权称帝，国号吴。三国鼎立的局面形成。

败走麦城

吕蒙趁关羽北上进攻樊城之际，率军偷袭荆州。关羽腹背受敌，退守麦城，后被东吴擒获，宁死不屈，被孙权斩杀，孙刘联盟宣告破裂。

分久必合，合久必分
群雄并立，大浪淘沙
却终归逃不过天下一统的结局

司马代曹

曹魏后期，司马氏排除异己，逐步控制朝政。266年，司马炎取代曹魏称帝。

诸葛亮北伐

诸葛亮先后对曹魏发起五次进攻战，均未取得重大进展，没能实现"兴复汉室"的目标。

乐不思蜀

曹魏攻打蜀汉，后主刘禅（shàn）投降，被安置在洛阳。司马昭设宴款待，席间刘禅欢喜如常，毫无亡国之痛。

"楼船"下益州

280年，司马炎派遣王濬率领以高大的战船"楼船"组成的西晋水军，从益州沿长江而下，讨伐吴国，吴军节节败退。吴主投降，吴国灭亡。至此，西晋统一天下。

天下乱了太久
百姓最卑微的愿望
是迎来太平的日子

古代的 "小编"
——青瓷对书俑

"一人读书，校其上下得谬误，为校；一人持本，一人读书，若怨家相对，为雠（chóu）。"

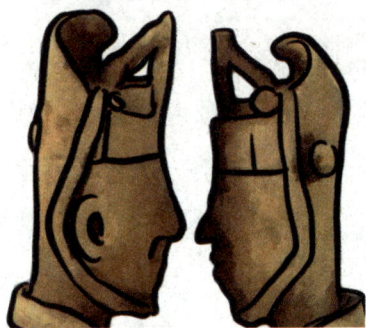

俑，是一种殉葬用品，春秋战国时期已经出现，早期的俑材质多为陶或木。这件青瓷对书俑是西晋时期的瓷器，它是迄今为止发现的唯一的对书俑，十分难得。

对书俑先捏制，而后雕刻成型，通体施青釉，人物头戴晋贤冠，这是汉代以来文官的通用官帽，身着长袍，相对而坐，距离很近，显得十分亲密，且人物神态栩栩如生。一人执笔和简，作书写状；另一人双手捧案，案上置简册。两人之间放置长方形书案，一端置箱，一端放有砚

台和笔架，架上置笔两支。对书俑形象地反映了古人校对书籍的情景，也为研究西晋文官制度提供了实物证据。

对书俑所展示的工作——"对书"，相当于我们今天的编辑。晋代以前，文献都是抄在简牍、布帛之上，抄写过程中，不时会出现一些错误，于是抄写后的校对工作显得尤为重要。东汉时期，校对正式成为了一种正式官职。这对略显风趣和憨厚的"小哥俩"相对而坐，进行着典籍的校对工作，显得非常认真和敬业。

浮华盛世

西晋的繁华犹如昙花一现。

太康盛世

太康年间，社会经济发展，民生富庶，天下安宁，西晋进入了"昙花一现"的繁荣时期。

奢靡成风

晋武帝时期，王公大臣生活奢侈，挥金如土，争奇斗富，竞相攀比，导致政治腐朽，社会风气败坏。

占田、课田制度

这是西晋政府为恢复农业生产、增加财政收入而制定的土地、赋税制度，既承认了农民对原有土地的合法使用权，又提高了农民的开荒积极性。

天子谋私利

晋武帝不仅生活奢侈成风，还卖官捞钱，卖官所得钱财居然不入国库，反而进自己腰包。

司马炎造就了帝国
也埋下了隐患
皇族相互攻讦，贵族不务正事

何不食肉糜

晋惠帝听闻灾荒中饿死了许多吃不起饭的百姓，居然诧异地问："他们为什么不吃肉粥？"

门阀政治

西晋时，世代为官的名门望族把控着朝廷中显要的官职，朝堂之上，"官二代"和"官三代"比比皆是。

贾后专政

"丑八怪皇后"贾南风长相黑丑，凶狠狡诈，拉拢外臣，挑起内乱，把持朝政，引发了"八王之乱"。

八王之乱

西晋司马氏同姓王为争夺政权而爆发了历时 16 年的混战，社会经济遭到严重破坏，西晋政权摇摇欲坠。

把私生活过到了极致
统治者的荒淫与残酷
又开始搅乱了这个国家

战场上的御风者

——骑马陶俑

"人骑合一，马镫问世。"

骑马陶俑出土于一个墓葬中，该墓一共出土29件陶俑，其中23件为仪仗俑。魏晋之际是世家大族势力的鼎盛时期，其出行必然是车马喧哗、仪仗威严。仪仗人员的多少是官员身份高低的标志。这件陶俑为我们展现了豪门贵族仪仗骑士的风采。骑俑的面部及冠服雕刻细腻传神，马体矮小，额饰当卢，有辔无缰，头顶上弯曲的长角，供骑者扶手。马颈前佩有"挡牌"，尾下垂。背上设有马鞍，鞍左前缘上系有三角形马镫，供上马踏足之用。此器为研究西晋衣冠和马饰的精品。

此俑马鞍的两端已从平坦转为高翘，表明西晋时期已出现了鞍桥。鞍桥的使用限制了骑手身体前后滑动，为骑手提供了纵向的稳定。

中国古代在很长时间里

并无马镫，骑乘者上马费力，骑乘时要双腿夹紧马腹。此墓中出土的骑马陶俑中，有的马匹一侧有三角形马镫，是目前所见最早的马镫模型。

至公元 4 世纪，单侧马镫逐渐发展为双侧马镫。马镫的出现，为骑乘技术的发展和组建重装骑兵奠定了基础。

西晋灭亡

西晋的灭亡，象征着又一个乱世的开始。

五胡乱华

西晋末年，匈奴、鲜卑、羯、羌、氐五个游牧民族联盟趁八王之乱之际向内地迁徙，逐渐盘踞华北地区，势力不断壮大。

流民起义

西晋末年，天灾不断，兵连祸结，流离失所的百姓因受不了西晋统治者的压迫而纷纷起义。

李雄称帝

陕西、甘肃的流民领袖巴氐族人李特、李流兄弟打败了官军。后来李特之子李雄占领成都称帝，国号成。

刘渊称帝

匈奴族首领刘渊自称是汉代皇帝的外甥，在西晋内乱时起兵反晋，于308年称帝，国号汉。

临阵脱逃

刘渊之子刘聪派兵围攻洛阳，执掌大权的东海王司马越以讨伐石勒为借口，率军离开。

洛阳城破

刘聪的部将刘曜攻破洛阳后，俘虏晋怀帝，大肆烧杀抢掠，洛阳再度成为一片废墟。

永嘉南渡

永嘉年间，北方战祸不断，南方相对安定，洛阳失陷后，大批贵族官僚、平民百姓纷纷渡江南下。

西晋灭亡

316 年，刘曜攻陷长安，晋愍帝哭着出城投降，西晋灭亡。

**一个看似强大的王朝
把一盘大好的棋局下得稀烂**

东州神兽
——青釉神兽尊

"兽尊张牙舞爪、威风八面，似乎要将一切凶险和邪气驱离。"

青釉神兽尊是一尊造像独特的神兽，有人说它与神兽"貔貅"极为相似，也有人说它很像上古神兽"穷奇"。

神兽尊造型奇特，体量大，略微呈梨形，又像个大鱼篓。器表堆塑形象狰狞的神兽纹饰，正面塑出兽头及四肢。神兽头部昂起，双眼仰视，鼻孔朝天，张口含珠，吐舌露齿，颈下有胡须垂至腹部，四肢紧贴前胸及腹部，前肢上举外翻，后肢下撑伏地蹲坐，背后有五个小半圆形扁横凸脊。这尊神兽显示了工匠高超的雕塑技艺和丰富的想象力，代表了当时瓷器工艺的最高水平，确是独

具一格的青瓷精品。

青釉神兽尊并非是一件普通的日常酒器，而是一件精美的冥器，出土于江苏宜兴的周氏家族墓葬，墓主人是三国东吴时期的名将周鲂。神兽有避灾去邪的作用，当时社会动荡，民不聊生，人们大多有避世思想，所以对神兽的崇拜成为当时普遍的现象。周鲂的儿子将这件神兽尊放入父亲的墓穴之中，就是希望神兽能护佑家人九泉之下的平安，不受妖邪侵扰。

魏晋风流

魏晋是一个动乱的年代，也是一个思想活跃的时代。

建安文学

建安年间，以曹氏父子、建安七子为主要代表，开创了一代文学新风，史称"建安文学"。

竹林七贤

魏晋时期，嵇康、阮籍、山涛、向秀、刘伶、王戎、阮咸七人常在竹林之中喝酒、纵歌，肆意酣畅，世谓七贤。

玄学清谈

当时的文人雅士把对"三玄"的研究与解说形成的学问，称为"玄学"。他们时常聚在一起，讨论阐述玄学见解，品评人物，言谈清雅，故称"清谈"。

《三国志》

史学家陈寿的著作《三国志》，是研究三国历史最出色的一部，也是二十四史中评价最高的"前四史"之一。

魏晋南北朝时期，战乱频发
却也是一个思想活跃的时代

不信鬼神的"另类"

范缜不相信佛教的因果报应，写了
《神灭论》驳斥佛教观点，成为当时人
们眼中的"另类"。

鄙视权贵

权贵钟会造访在家门口大树下打铁
的嵇康，嵇康不理不睬，旁若无人。钟
会觉得无趣，悻悻地离开。

画家曹不兴

著名画家曹不兴擅长画龙、人物
和佛像，他画的苍蝇连孙权看了都忍
不住举手去弹。

醉酒避亲

司马昭想和阮籍结为亲家，阮籍为
了躲避亲事，每天都喝得酩酊大醉，让
前来提亲的人根本没法开口，司马昭不
得不放弃。

士人们特立独行，风流潇洒
寄情于山水，不拘于俗世
打开了中国历史上最精致的
古典生活方式

风雅的生活

魏晋时期，新兴门阀士族阶层的生存处境极为险恶，同时其思想行为又极为自信、风流潇洒和不拘礼节。

魏晋风度作为当时的士族意识形态的一种人格表现，成为当时的审美理想。

由于统治者的血腥残暴，士人们不能直抒胸臆，只好采用比兴、象征等手法，隐晦地表达思想。

"竹林七贤"是指嵇康、阮籍、山涛、向秀、刘伶、王戎、阮咸七人。

"竹林七贤"的作品在精神上继承了"建安风骨"，也出现了危机感和幻灭感，反映了残酷的政治现实。

以魏晋风度为开端的儒道互补的士大夫精神，从根本上奠定了中国知识分子的人格基础，影响相当深远。

三国政权形成图

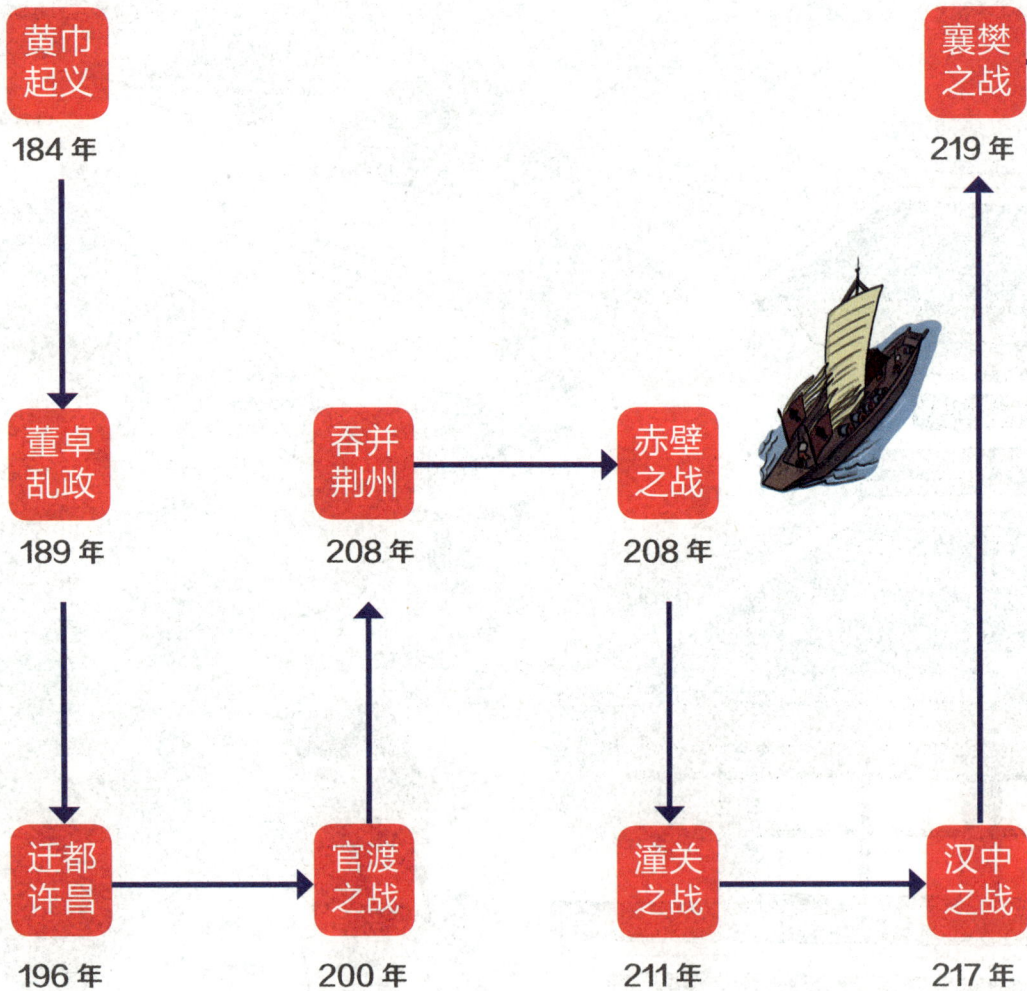

黄巾
起义
184 年

董卓
乱政
189 年

迁都
许昌
196 年

官渡
之战
200 年

吞并
荆州
208 年

赤壁
之战
208 年

潼关
之战
211 年

汉中
之战
217 年

襄樊
之战
219 年

220 年 ——————————→ 司马
代曹
265 年

汉立 221 年 ——————————→ 曹魏灭
蜀汉
263 年

吴王
受封 222 年 → 吴国
建立 229 年 ——————————→ 晋灭
东吴
280 年

三国、西晋历史大事记

220—280 年、266—316 年

| 220 年 | 229 年 | 264 年 | 266 年 |

曹丕篡汉

东汉丞相曹丕迫使汉献帝禅让帝位，自称皇帝，定都洛阳，国号"魏"，史称曹魏，标志着三国时代就从此正式开始。

三国鼎立

220 年，曹丕篡汉称帝，国号魏；221 年，刘备称帝，史称蜀汉；229 年，孙权称帝，国号吴。三国鼎立的局面形成。

乐不思蜀

曹魏灭蜀汉后，魏帝将蜀汉后主刘禅迁至洛阳居住。司马昭设宴款待，席间刘禅欢喜如常，毫无亡国之痛。

司马代曹

魏国权臣司马炎迫使魏元帝禅让帝位，建立西晋。

280—289 年

291 年

308 年

316 年

太康盛世

太康年间，社会经济发展，民生富庶，天下安宁，史称这个时期为"太康盛世"。

刘渊称帝

刘渊建立了赵汉政权，公开对抗西晋王朝。

八王之乱

西晋皇族展开了一场历时 16 年之久的皇权争夺战，是历史上最严重的皇族内乱之一。

西晋灭亡

洛阳失守后，被迫在长安即位的晋愍帝被俘，西晋灭亡。

东晋十六国时期地图

晋太元七年、前秦建元十八年（382年）

东晋"颜綝"六面铜印

六面印多为晋代私印，该印刻有"颜綝""颜綝白事"等六种印文。

残写经纸

纸张的白度增加，表面平滑，结构紧密，有帘纹，纸质明显提高。

玄武砚滴

砚滴是文房用具，龟蛇古称玄武，是"四神"中的南方之神。

东晋陶牛车

陶牛车再现了东晋时期豪门贵族出行时的交通工具。

陶渊明

东晋田园诗派的创始人，本性率真，写了大量的饮酒诗。

东晋蝉纹金珰冠饰

"冠"是古代对头上装饰的总称，上加黄金珰，附蝉为纹，表示身份高贵。

前秦绯绣罗裲裆

裲裆，是一种盛行于南北朝的背心式服装，挡住前心后背。

淝水之战

前秦苻坚率军进攻东晋，在淝水被东晋以少胜多，大败而回。

匈奴

乌孙

龟兹

于阗

象雄

波

孙

天山

昆仑山

葱岭

喀拉昆仑山脉

雅

德清窑黑釉鸡首壶

浙江德清窑擅长烧黑釉瓷，
开辟了古代颜色釉瓷器的
新领域。

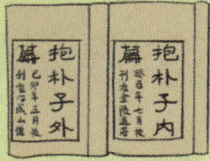

《抱朴子》

晋代葛洪编著的一部道教典
籍，总结了魏晋以来的神仙
家的理论。

大兴安岭

夫余

柔然

挹

车

长白山脉

高句丽

娄

阴山山脉

贺兰山

河水河

前秦

黄河

浑

东晋金嵌金刚石指环

指环金质，斗内镶嵌有金刚
石，为中国目前已发现最早
的钻石戒指。

渤海

黄海

东海

东晋铜方炉

炉上纹饰粗放简括，制工精
良，为东晋贵族的生活用具。

白玉蟠螭环

长江

江水

东

晋

东海

夷洲

桓温北伐

荆州刺史桓温灭亡成汉之
后，率军北伐，收复洛阳。

朱崖洲

南海（涨海）

南海

天下第一行书

——冯承素行书摹兰亭序卷

"一死生为虚诞，齐彭殇为妄作。"

东晋穆帝永和九年（353年）三月初三，大书法家王羲之与谢安、孙统、孙绰等41位文人雅士、亲朋好友在浙江绍兴会稽山阴的兰亭溪畔集会"修禊（xì）"（古代的基本祭祀之一），饮酒赋诗。王羲之在酒酣意畅、神采飞扬之际用蚕茧纸、鼠须笔为会上所得之诗作序，写就了千百年来令无数书法爱好者为之倾倒的"天下第一行书"——《兰亭序》。宋代书法家米芾称《兰亭序》为"天下第一行书"，王羲之更被后世公认为"书圣"。

《兰亭序》全文28行324字，字字精妙，潇洒飘逸，点画犹如舞蹈。作品布局疏密有致，笔法变化多端，刚柔相济，非心旷神怡者不能为之。王羲之用他的书法技巧将良辰美景描绘得超凡脱俗，人生感悟与自然之美

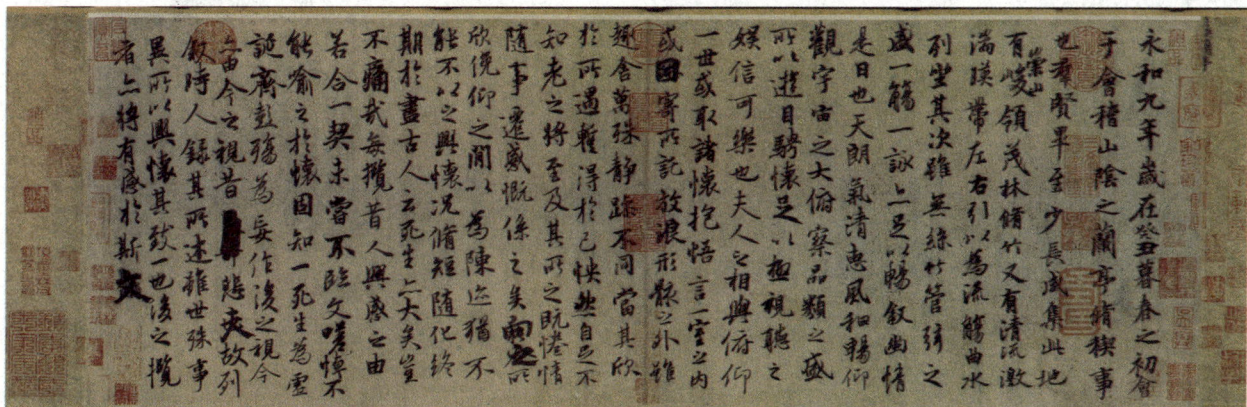

和谐交融，令后世临摹者往往赞叹于王羲之出神入化的书法技艺，如水般流畅的文采。

相传王羲之的《兰亭序》原作葬入了昭陵。唐代多有摹本，此卷原题《唐摹兰亭》（传为冯承素摹），因有唐中宗神龙年号小印，故被称为"神龙本"。摹本精妙，非他本所及，最能表现王羲之书法的艺术特点。

文物档案

名称：冯承素行书摹兰亭序卷

材质：纸

规格：纵 24.5 厘米
横 69.9 厘米

出土地：不详

收藏地：故宫博物院

偏安一隅

占据南方半壁江山，也仍然无法避免动乱。

东晋建立

317 年，西晋皇族司马睿在建康称帝，重建晋王朝，史称"东晋"。

南北士族矛盾

东晋建立后，北方士族与南方士族之间矛盾重重，争权夺利，内乱频发。

祖逖北伐

闻鸡起舞的名将祖逖领导的北伐，得到了北方人民的响应，一度收复大片故土，但后来被司马睿猜疑，忧愤离世。

"窝囊皇帝"司马睿

司马睿面对王敦叛军的要挟，不仅无力阻止大臣的逃离，还想着让出皇位，以保性命。

中原文化在南方落地生根
而北方战乱不断
中原汉人大规模南迁

"王与马，共天下"

司马睿建立东晋后，为了对琅琊王氏表示感谢，大力封赏王氏，王氏之盛，有"王与马，共天下"之说。

苏峻之乱

苏峻在平定王敦叛乱后，借口铲除庾亮发动叛乱，攻占建康，后来为平叛大军所杀。

桓温北伐

东晋权臣桓温率军北上，拉开了自永嘉之乱以来的最大规模北伐。在第二次北伐过程中，收复洛阳。奈何统治者苟安东南，无意北还。

废帝立威

大权在握的桓温第三次北伐失败，为了挽回威望，他废掉皇帝司马奕，立司马昱为新皇帝。

文明虽然得以存续
但苟安的晋王朝并没有励精图治
草草结束的北伐，无休止的内斗
人们只能得过且过

士族门阀

魏晋之际，封建官僚贵族世代为官，把持政权，形成了强大的社会政治势力。

士族门阀，是指在经济、政治、意识形态上具有强大实力的家族。

魏晋时期的人才选用一般只看重家族门第，很少看中人的真正才能。

西晋灭亡后，东晋王朝在士族门阀势力的拥戴下建立起来。

士族官僚与自己的门生、旧臣结成集团，增强了自己的政治力量，成为士大夫的领袖。

普通平民阶层只能通过获得军功等其他方式来改变身份地位。

所谓伊人，在水一方

——顾恺之洛神赋图卷（宋摹）

"斯人哀伤的究竟是洛神，还是那座伟大的洛城。"

《洛神赋图》传为东晋著名画家顾恺之所作，它根据三国时期曹植的著名文学作品《洛神赋》创作而成，用连续的画面层次分明地描绘着曹植与洛神真挚纯洁的爱情故事，被认为是第一幅改编自文学作品的画作。

《洛神赋图》原图现已遗失，现存故宫博物院的为宋人摹本。

画面中，黄昏之时，曹植率领随从从洛阳返回封地，抵达洛水之滨时暂歇车马。微风泛起之时，洛神从烟波浩渺之中走来，曹植

被洛神的绝世之美所深深吸引，遂解玉佩相赠表达对洛神的深切爱慕。奈何人神殊途，洛神乘云车而去，曹植目送洛神，洛神不舍地回望，彼此流露出不舍与依恋。曹植乘舟溯流而上追赶洛神，踪影难觅，无奈在洛水边苦

（局部）

苦等待，最后怅然踏上归途。整幅画卷人物安排疏密有致，景物描绘相得益彰，使曹植无限惆怅的情意生动地呈现在画卷上，使观者被洛神与曹植间的真情所感染。

《洛神赋图》开辟了中国传统绘画长卷的先河，使中国人的审美境界提升到了一个新的层次，不愧为中国古典绘画中的瑰宝。

文物档案

名称： 顾恺之洛神赋图卷（宋摹）

材质： 绢

规格： 纵 27.1 厘米
横 572.8 厘米

出土地： 不详

收藏地： 故宫博物院

政权更迭

前秦顺应了民心与世道，逐步结束乱世，统一北方。

刘汉内乱

刘聪灭西晋后，沉湎酒色，统治残暴，导致地方割据势力与皇族内部争权夺利，内乱不断。

前赵另立

刘聪的族弟刘曜被拥立为帝，消灭叛军，迁都长安，次年改国号为"赵"。

石勒勤政

羯族人石勒南征北战，建立后赵，他在位期间，吸收汉族文化，重视农业生产，促进了北方的经济发展和民族融合。

石虎乱政，冉魏立国

石勒的侄儿石虎自立为帝，其统治残暴，父子兄弟之间相互残杀。大将冉闵趁机夺权，自立为帝，国号魏，史称冉魏。

前燕灭魏

生活在辽东的鲜卑族慕容部建立了前燕政权，继而进攻冉魏，冉闵率兵抵抗，兵败被俘，冉魏宣告灭亡。

前秦灭燕

370年，由氐族建立的前秦大举进攻前燕，前燕兵败而亡。

前秦统一北方

前秦皇帝苻坚任用贤臣，励精图治，先后灭掉了前凉和代国，基本统一了北方地区。

名相王猛

王猛是前秦皇帝苻坚眼中的"诸葛亮"，他文武双全，善于谋略和用兵，为前秦统一北方作出重大贡献。

北方的统一给了百姓短暂的和平
但前秦也在忘乎所以中
埋下了失败的种子

金色花开，万束光来
——花树状金步摇

"美可以畅通无阻地越过遥远而艰险的边境。"

步摇，是中国古代妇女钟爱的头戴饰品，起源很早。"步摇"一词最早出现在战国时期。形制多为凤凰蝴蝶类，有的点缀有流苏，随着佩戴者走路而摇曳摆动，故名步摇。《释名·释首饰》曾记载："步摇，上有垂珠，步则动摇也。"

这对金步摇出土于北票市房身村，底部呈方形，用来缠绕固定头发。连接底部的树杆呈椭圆花形，中部有花形镂孔，树枝均由树杆延伸出去，工匠以金博山上缭绕的步摇枝为托，经手工弯曲后做出几个圆环，薄如蝉翼的金叶片挂在圆环上，它们佩戴于贵妇头顶，当主人走动时一步一摇动，金叶片随风轻摆，像一树金色的花，

光耀四方。

    在当时的中原地区，金步摇已经较为普遍，但在鲜卑族中，这种金步摇只有鲜卑族的贵妇才能拥有，是一种阶级和身份的象征。

    这对金步摇在 1600 多年前妆点着它北燕国的主人，见证了鲜卑慕容氏的兴衰，这些薄如蝉翼的金叶片在历史的明明灭灭中，也记录着政权的频繁交替。

文物档案

名称： 花树状金步摇
年代： 十六国
材质： 金
规格： 高 27.3 厘米
出土地： 辽宁朝阳
收藏地： 辽宁省博物馆

纷乱的北方

分分合合，才是动荡时代的常态。

淝水之战

符坚骄傲自满，率大军进攻东晋，结果在淝水之战中大败，这是符坚一生中栽过的最大跟头。

北魏崛起

鲜卑族拓跋珪（guī）建立了北魏，逐步消灭了周边政权，崛起于北方。

西燕建立

前燕皇族的后代慕容泓，起兵攻打前秦，建立了西燕。

后燕复国

前燕皇族的后代慕容垂是符坚的部将，他趁符坚淝水之战失败，联系旧部，建立了后燕。

姚苌（cháng）叛前秦

羌族军阀姚苌背叛了前秦，在符坚背后捅刀子，建立了后秦。

这是一个动荡的时代
前秦在淝水的溃败让北方再度分裂
中原大地到处都剑拔弩张
混乱不能这么一直下去

赫连勃勃

南匈奴人赫连勃勃，性情残暴，喜怒无常，先后投靠各方势力，反叛后秦，起兵自立，建立了夏。

西燕灭亡

后燕皇帝慕容垂起兵向同族的西燕大举进攻，可怜的西燕立国只有 11 年就被灭亡了。

北魏灭燕

崛起于北方的北魏，磨刀向后燕，后燕被一分为二，苟延残喘，最终仍为北魏所灭。

后燕分裂

后燕都城被北魏攻下后，分裂为北燕和南燕，从此一蹶不振。

鲜卑族人建立的北魏
开始崛起于漠北的草原
如雄鹰一样展翅欲飞

文化成就

无论政治、经济如何停滞，科学文化一直在进步。

《搜神记》

干宝为东晋文学家、史学家，他撰写的志怪小说《搜神记》在中国小说史上有着极其深远的影响，他被称作"中国志怪小说的鼻祖"。

书法家王导

王导是东晋政治家、书法家。他擅长行草，书法自成一格，在当时颇有声望，有草书作品《省示帖》《改朔帖》传世。

最会炼丹的男人葛洪

葛洪是东晋著名的炼丹家和医药学家，他所写的《抱朴子》不仅总结了炼丹术，还为医药学积累了宝贵的资料。

习凿齿

习凿齿为东晋著名史学家、文学家，所著的《汉晋春秋》是一部编年体史书，记述三国史事，以蜀汉为正统。

顾恺之

顾恺之是东晋著名画家，被称为"画绝"，代表作有《洛神赋图》。

亲田园的诗人

东晋陶渊明是田园诗派的领头人，他本性率真，写了大量的饮酒诗。

书圣王羲之

东晋书法家王羲之的《兰亭序》被称为"天下第一行书"，他本人有"书圣"之称。

李充与《翰林论》

李充是东晋时期学者、文学评论家、书法家、目录学家，他所著的《翰林论》是文体论在东晋发展的重要表现，对后世文学影响巨大。

东晋思想文化玄佛合融
追求率真与坦诚

十六国兴衰图

西晋灭亡

| 前凉 | 317 年 ——————————— 376 年 | 前凉灭于前秦 |

| 代 | 315 年 ——————————— 376 年 | 代灭于前秦 |

前赵 304年 / 329年 → 后赵 319年 / 351年 → 冉魏 350年 / 352年 → 前燕 337年 / 376年 → 统一北方 → 38...

前秦 351年 ——→ 统一北方

| 成汉 | 304 年 ——————————— 347 年 | 成汉灭于东晋 |

前秦统一北方

东晋建立

| 东晋建立 | 317 年 ——————————— |

东晋建立

52

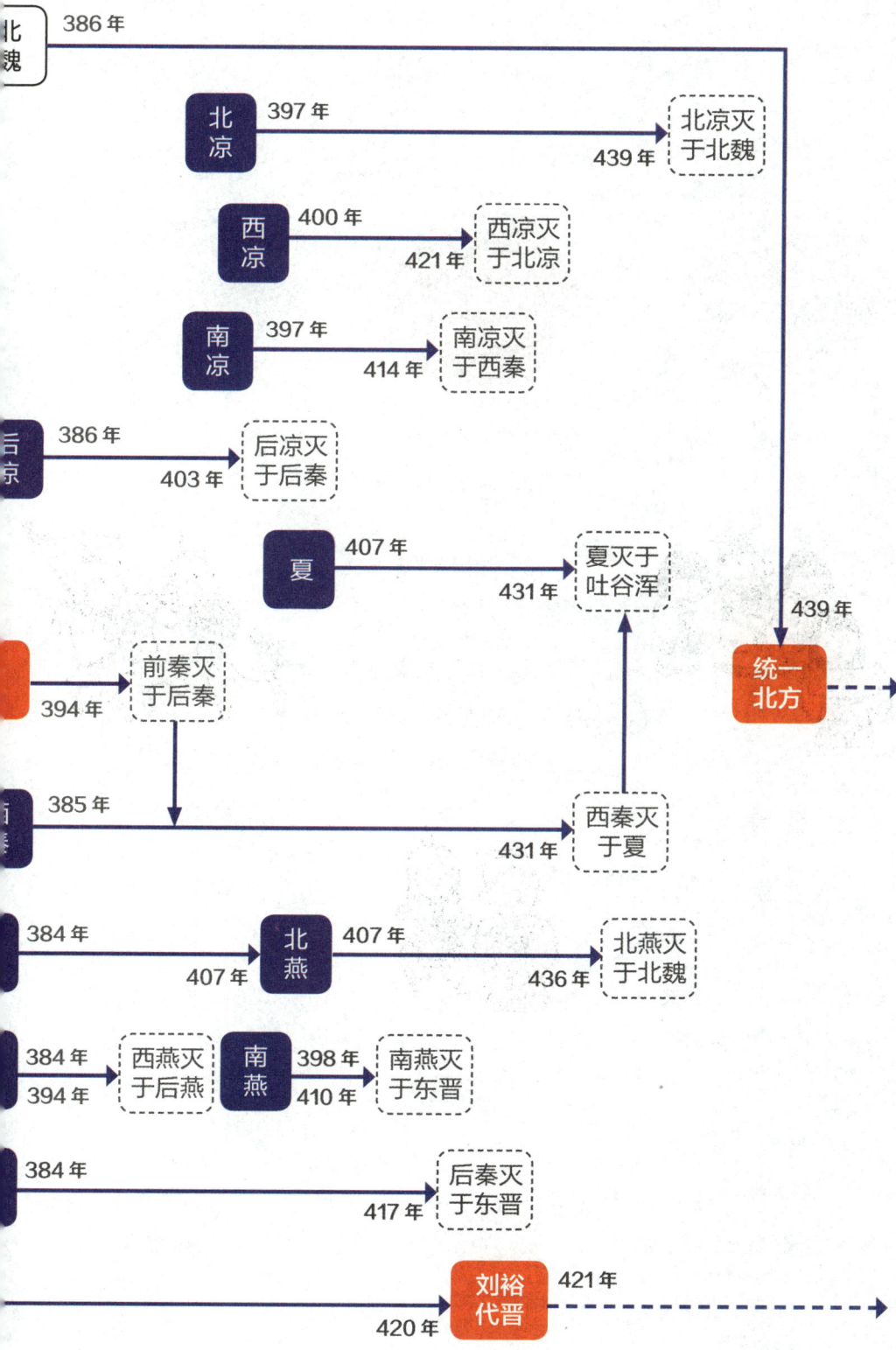

北魏 386 年

北凉 397 年 439 年 北凉灭于北魏

西凉 400 年 421 年 西凉灭于北凉

南凉 397 年 414 年 南凉灭于西秦

后凉 386 年 403 年 后凉灭于后秦

夏 407 年 431 年 夏灭于吐谷浑

前秦灭于后秦 394 年

385 年 431 年 西秦灭于夏

384 年 北燕 407 年 407 年 436 年 北燕灭于北魏

384 年 394 年 西燕灭于后燕 南燕 398 年 410 年 南燕灭于东晋

384 年 417 年 后秦灭于东晋

统一北方 439 年

刘裕代晋 420 年 421 年

淝水之战

统一北方

刘裕代晋

53

东晋十六国历史大事记

东晋（317—420 年），十六国（304—439 年）

306 年　　**317 年**　　**354 年**　　**376 年**

李雄称帝

306 年，李雄在成都称帝，国号成。338 年，李寿改国号为汉，史称成汉。

东晋建立

西晋灭亡后，司马睿在建康重建晋王朝，是为晋元帝，史称"东晋"。

桓温北伐

东晋将领桓温统率四万晋军从江陵出发，攻打前秦，最后无奈军粮不济，只得抱恨而归。

前秦统一北方

前秦皇帝苻坚任用贤臣，励精图治，先后灭掉了前凉和代国，基本统一了北方地区。

| 383 年 | 386 年 | 409—416 年 | 420 年 |

淝水之战

符坚骄傲自满，率大军进攻东晋，结果在淝水之战中大败，这是符坚一生中栽过的最大跟头。

刘裕灭南燕、后秦

东晋将领刘裕率军北伐灭南燕，破北魏，亡后秦，收复失地，光复洛阳、长安两都。

北魏崛起

鲜卑族拓跋珪建立了北魏，逐步消灭了周边政权，崛起于北方。

东晋灭亡

刘裕废晋恭帝后，自立为帝，建立宋国，是为宋武帝，东晋自此灭亡。

南北朝时期地图

宋元嘉二十六年、魏太平真君
十年（449年）

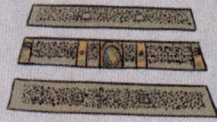

梵文贝叶经

北朝时期，由印度人采
多罗树的叶子来书写的梵文

《文心雕龙》

南北朝刘勰（xié）所著，是中国
第一部系统的文艺理论巨著.

织成金刚经

以往佛经多是刺绣品，后梁
出现了用织机织成的
《金刚经》.

北朝红地云珠日天锦

该锦为红地黄花两种色彩,
图案以日天（太阳神）及狩
猎纹为主.

鎏金鞍桥·马蹬

**北魏司马金龙墓
漆屏风画**

南北朝时期的重要画迹，画面
内容沿袭汉代以来传统故事.

侯景之乱

东魏叛将侯景被梁武帝
萧衍收留后又反叛萧衍,
将萧衍活活饿死.

敦煌莫高窟

始建于前秦时期，以彩塑和
壁画闻名于世，是现存最大
的佛教艺术圣地.

天山山脉

龟兹

疏勒

昆仑山

于阗

吐谷

谷

喜马拉雅山脉

青釉覆莲座烛台
可同时插5支蜡烛，是极为
罕见的北朝青瓷。

魏碑
南北朝刻石以北魏最精，有
"魏碑"之称。刻石上的书
法对后世产生了巨大的影响。

然

大
兴
安
岭

长
白
山
脉

高
句
丽

绞缬绢衣
这是一件北朝流行的襦，面
料采用绞缬绢，
绞缬又称扎染。

阴
山
山
脉

贺
兰
山

北 魏

玻璃瓶
南北朝时期，玻璃发
展成为独立的工艺门类，
实用玻璃瓶已出现。

黄 河

渤 海

黄 海

东

海

东 海

赤金帽花
古代帽子上的装饰物，有鲜
明的北方游牧民族风格。

莲草纹砖
南北朝时期，佛教得到发展
和普及，建筑上有了许多莲
花的身影。

长
江

宋

阿蓬岛 志风岛

夷
洲

北周复统
北周武帝改革军队，出兵灭
亡了北齐，统一了北方。

朱崖洲

南（涨）海

宋

夷
洲

朱崖洲

南
海
（涨 海）

南海

向往盛世
——《竹林七贤与荣启期》砖画

"六朝多名士，板荡出风流。"

《竹林七贤与荣启期》砖画出土于南京西善桥宫山墓，砖画由 200 多块古墓砖组成，分为两幅，人物包括了曹魏时期的竹林七贤和春秋时期著名隐士荣启期。这是我国发现最早，保存最好的一幅砖画，也是我国首批禁止出国（境）展览的文物之一。

八位人物神态潇洒、风度不凡，人物之间以银杏、槐树、青松、垂柳、竹相隔。八人均席地而坐，每人都呈现出一种最能体现个性的姿态，士族知识分子自由清高的理想人格在这块画像砖上得到了充分表现。竹林七贤与荣启期所属的时代相隔数百年，但时间却不能阻隔他们相通的思想。砖画上简洁的线条，将这些文人雅士的神采风流镶嵌于坚硬的墓砖之上，表达了对前朝先贤和

当今名士的敬仰。

魏晋南北朝时期，政权更迭频繁，社会长期处于战乱之中。士族地主的统治极端腐朽，社会矛盾十分尖锐，处在纷争不息、动荡不安之中的士人文人，逐渐产生了避世的思想，他们寻求各种精神寄托，常常沉湎于艺术创作，寄情于山水之间，以此来对抗巨大的时代压力，竹林七贤就是其中的代表。

文物档案

名称：《竹林七贤与荣启期》砖画

年代： 南朝

材质： 砖

规格： 纵 80 厘米
横 240 厘米

出土地： 江苏南京

收藏地： 南京博物院

南朝更迭

群雄逐鹿，多个政权争夺唯一的胜利旗帜。

孙恩、卢循起义

孙恩、卢循是失势的北方次等士族，因不满东晋的统治，领导了东晋时期最大的农民起义。

刘裕灭南燕、后秦

东晋的实际掌权人刘裕，北伐灭掉南燕，又趁机灭掉内乱的后秦，从此黄河以南地区尽归刘裕所有。

元嘉之治

刘裕的儿子刘义隆在位期间，政治清明，经济文化繁荣，形成了魏晋以来最好的社会局面。

萧道成夺权

刘宋皇室内部相互残杀，萧道成趁机掌握大权，经过多年谋划，登基称帝，建立南齐。

南朝维系了中华文化
但无论是宋齐还是梁陈
都没有统一天下的雄心与实力

梁武帝萧衍事佛

萧衍建立梁朝后，开始信仰佛教，还鼓动王公贵族一起信佛，导致国内政治涣散。

梁武帝北伐

梁武帝命弟弟萧宏出兵讨伐北魏，萧宏是个"公子哥"，只擅长敛财，这次北伐也因为他的逃跑而失败。

侯景之乱

东魏叛将侯景被梁朝萧衍收留，结果又反叛萧衍，将其活活饿死，上演了南北朝"农夫与蛇"的故事。

陈霸先称帝

梁朝大将陈霸先平定"侯景之乱"后，逐步取得了朝廷大权，于557年称帝，国号陈。他是历史上唯一一个用姓氏作王朝国号的皇帝。

草草北伐的结局
使得南北朝隔淮河相望
在门阀士族制度下
权臣往往左右着王朝的生死

人类故事大剧场

——云冈石窟佛像

"人类用自己短暂的生命，赋予文明更长久的精神。"

在山西大同武周山麓的断崖上，东西绵延1千米左右的云冈石窟依山开凿。石窟从北魏文成帝时期开始开凿，历时60余年。现存有主要洞窟45个，大小窟龛252个，石雕造像51000余尊，为中国规模最大的古代石窟群之一。

云冈石窟佛像多为宗教人物，形态端庄，宏伟巨大，佛像大小不一，最小的仅2厘米，最大的高达17米。尤其是第20窟那尊露天大佛，是依照北魏开国皇帝道武帝的形象雕刻的，高达17米，是云冈石窟的代表之作。这尊大佛保存完好，双眸炯炯有神，面相丰润，神态肃穆，他微微前倾的身躯和棱角分明的嘴角，仿佛在向众生宣讲着佛法的真谛，大佛背光的大焰纹和飞天等浮雕十分华美，把大

佛衬托得更加气韵雄放。

　　早期石窟（第 16 到 20 窟）由著名和尚昙曜奉北魏文成帝旨意主持开凿，人称昙曜五窟，五个石窟的中央都雕刻了巨大的如来佛像，象征北魏五朝的五代皇帝。

　　云冈石窟形象地记录了印度及中亚佛教艺术向中国佛教艺术发展的历史轨迹，反映出佛教造像在中国逐渐世俗化、民族化的过程。

文物档案

名称：云冈石窟佛像
年代：北朝
材质：石
规格：高 17 米

北魏一统

除了领土归属权外，还需达成文化、思想的统一。

统一北方

北魏的君主励精图治，南征北战，于 439 年消灭北凉，统一了北方。

坞壁

坞壁是一种防卫性建筑，起源于汉代。在魏晋南北朝时成为了一种应对战乱的民间防卫性建筑，是乱世中幸运者的"度灾之府"。

国史之狱

北魏丞相崔浩主持编纂国史，直书了拓跋氏皇帝一些不愿人知的历史，因而被下令处死，许多北方大族被株连。

南北对峙

北魏统一北方后，与南方的刘宋政权并立，形成了南北对峙的政治格局。

北凉的灭亡宣告了十六国乱世的终结
北魏创造了少数民族的奇迹
但北魏的统治者明白
马上打天下，却不能马上治天下

盖（gě）吴起义

胡人盖吴聚众反抗北魏的统治，各族人民纷纷响应，但盖吴不善于打仗，不久就被北魏消灭。

孝文帝改革

为了缓和民族矛盾，孝文帝拓跋宏实施了一系列汉化改革措施，连他自己也取汉名为"元宏"。

说鲜卑语就免官

孝文帝的改革措施中最重要的一条就是"禁胡语"，要求 30 岁以下的人和当官的人不准说鲜卑语，否则就会被免官。

孝文帝推崇汉文化
决定对鲜卑进行全面汉化
使得北方的民族日趋融合

迁都洛阳

为了推进改革，实现统一，加强社会统治，孝文帝借口讨伐南齐，迫使大臣们同意迁都洛阳。

勿以恶小而为之

——《九色鹿王本生图》

"诸恶莫作，诸善奉行。如影随形的善恶果报，是古人心中最质朴的理想。"

《九色鹿王本生图》是敦煌莫高窟第257窟的北魏时期的壁画，以横幅长卷形式连续画出佛的前身九色鹿王故事的八个情节，即：救人、溺水者行礼、国王与王后、溺水者告密、捕鹿途中、休息的九色鹿、溺水者指鹿、九色鹿陈述。

传说有一人掉入恒河，九色鹿将他救上岸，此人便许诺不将九色鹿行踪向外泄露，若违此誓，便口吐白沫、周身生疮。后来，这个国家的王后梦见九色鹿，要求国王猎杀九色鹿，用鹿皮做衣服。国王布告悬赏，溺水之人见利忘义，立即前去告密，并带领国王捕捉九色鹿。等溺水之人带国王军马来到时，九色鹿神通护体不为刀剑所伤，并向国王诉说了溺水之人的誓言。国王深感羞愧，撤军回朝。溺水之

人因违背了自己的誓言，口吐白沫、全身生疮而死。

壁画整体上，以鹿的白与国王的黑马形成对比，马所表现出的姿态多样且富有动态又与九色鹿的纯净安详相衬托，使画面张力十足。图中所选部分是"九色鹿陈述"的场景，生动地描绘了九色鹿富有人格的神态，表达了九色鹿控诉溺水者，不向邪恶屈服的性格。

文物档案

名称：《九色鹿王本生图》

年代：北魏

材质：石

规格：不详

石窟行军图

石窟艺术以造像和壁画为主，是一种取材于佛教故事的宗教文化。

北魏是佛教思想盛行的时期，政府组织兴建寺庙，雕刻佛像，石窟造像是这一时期的代表产物。

石窟造像吸收了印度的艺术精华，也融合了中国绘画和雕塑的传统审美，反映了佛教思想汉化的过程。

龙门石窟、敦煌莫高窟、云冈石窟和麦积山石窟并称为中国四大石窟，其中龙门石窟的造像数量最多。

石窟群中遗存到今天的雕像，主要是释迦牟尼和各大菩萨的单独形象，还有一部分则表现的是佛经故事。

因为佛教信仰者的社会阶层不同，所属的佛教宗派也不一样，所以在造像与壁画的题材上也有所不同。

进口萨珊胡瓶

——鎏金银壶

"固原是北周最重要的外贸口岸，东西方的文化、贸易在此集散汇通。"

1983 年，在宁夏固原南郊乡深沟村李贤夫妇合葬墓中，人们发现了这件来自萨珊王朝的鎏金银壶，这类造型的瓶子被称为"胡瓶"。

鎏金银壶是固原博物馆的镇馆之宝，体形高长，别具一格，壶腹呈卵形，细颈，壶嘴呈鸭嘴形，喇叭形底座，壶柄顶端铸一人物头像，高鼻戴圆形帽，异域风情浓厚。壶身腹部图案叙述的是一个古希腊神话故事：希腊的三个女神争夺"最美女神"的称号，众神之王宙斯命令帕里斯判定，爱神答应给他人间最美女子海伦，于是帕里斯将代表"最美女神"的金

苹果给了爱神。后来，帕里斯遇到斯巴达王后海伦，二人私奔，斯巴达国王怒而发动战争，用10年时间攻下特洛伊，夺回了海伦。

墓主人李贤是北周名将，镇守固原，地位显赫，战功卓著。鎏金银壶的出土证实了宁夏固原一带确为古丝绸之路途经之地。丝绸之路兴起后，固原作为丝路东段北道的要冲，渐渐发展成四方辐辏、各族交融的国际化大城市。

文物档案

名称： 鎏金银壶
年代： 北朝
材质： 金，银
规格： 高375厘米
　　　　腹径128厘米
出土地： 宁夏固原
收藏地： 固原博物馆

分裂与复统

真正的强者，才有实力结束乱世。

元嘉北伐

南朝刘宋政权为收复河南失地，展开了第二次北伐，却被北魏军队反攻到长江北岸，从此刘宋实力大损。

六镇大起义

北方六镇的边防士兵和百姓因不满北魏的汉化改革，在遭遇天灾人祸后爆发了大起义，北魏统治面临崩溃。

河阴之变

北魏权臣尔朱荣以"匡扶帝室"为名，大肆屠杀北魏皇族和百官公卿，控制了北魏朝政。

北魏分裂

北魏内乱不止，高欢拥立元善见建立东魏，宇文泰拥立元宝炬建立西魏，自此北魏一分为二。

北魏日益腐败的政治
不断爆发的大起义
让北方又开始重新陷入分裂之中

北齐纵容贪腐

北齐统治者为了调和鲜卑人与汉人的矛盾，对贪污现象采取纵容的态度。

北周复统

北周武帝通过一系列政策充实了军事力量，出兵灭亡了局势混乱的北齐，统一了北方。

宇文泰辅政

西魏的实际控制者宇文泰，在掌权期间整顿吏治，发展经济，团结各方，为后来的北周取代西魏奠定了基础。

隋国公辅政

北周静帝继位时才7岁，他的外公隋国公杨坚辅政，控制了北周的军政大权。

与从前的分裂不同的是
文化的混合产生了
各种思想、政治、种族冲突
为后来的民族融合奠定了基础

神圣的匠心
——龙兴寺佛教造像

"我们哭着降临世界，却可以笑着走向永恒。"

在青州一所学校修建操场的施工工地上，轰鸣的推土机扒开了龙兴寺地窖的尘土，窖藏千年的佛像重现于世间。

龙兴寺始建于北魏时期，是一处延续千余年的著名佛教寺院。窖藏各类佛教造像400余尊，其中最大的高320厘米，最小的仅高20厘米。这些佛教造像的年代从南北朝时期跨越到了北宋，其雕刻技巧高超，造像整体光洁平滑，衣着华贵，体态雍容典雅，雕刻细致入微，自然真实。在工艺上，造像采用了彩绘贴金工艺。彩绘都按标准画框、施彩，这种做法在佛教造像中是极为少见的，显得弥足珍贵。

佛教自印度传入我国后，佛教的塑造历史从未断绝，即便是在战火纷飞的南北朝时期，佛教文化依然蓬

勃发展。地处交通要冲的青州，文化交汇，佛教造像的风格异彩纷呈，表现出不同的审美情趣。龙兴寺佛教造像窖藏是迄今为止中国发现的数量最多的窖藏佛教造像群，为研究佛教在我国的传播及雕塑、绘画艺术的发展提供了珍贵资料，也为研究中国佛教美术史提供了极为重要的实物资料。

文物档案

名称： 龙兴寺佛教造像
年代： 南北朝
材质： 石、陶等
规格： 大小不一
出土地： 山东青州
收藏地： 青州博物馆

宗教与石窟艺术

佛教信仰的传播，是乱世中王朝达成统一的重要途径。

鸠摩罗什

后秦高僧鸠摩罗什是我国佛教史上著名的佛经翻译家，《金刚经》是他翻译的代表之作。

北天师道

北魏时，佛道两教的斗争十分激烈。寇谦之改良了当时的道教，被称为"北天师道"。

禅宗

南北朝时，天竺高僧达摩在少林寺传授禅宗，被称为中国佛教禅宗第一代祖师，少林寺也成为了中国佛教禅宗的祖庭。

琐罗亚斯德教

琐罗亚斯德教在中国被称为祆教或拜火教，主神被称为"胡天"，主要在入华的粟特人当中传播，有"祆神楼"现存于世。

宗教给人们带来了内心的平和
宗教传播者
带来了信仰的力量

龙门石窟

龙门石窟位于河南洛阳，始凿于北魏时期，陆续营造至清代末年，是世界上造像最多，规模最大的石刻艺术宝库，也是中国"四大石窟"之首。

敦煌莫高窟

敦煌莫高窟始建于前秦时期，以彩塑和壁画闻名于世，是世界上现存规模最大、内容最丰富的佛教艺术地。

云冈石窟

山西大同的云冈石窟，是我国的古代石窟群之一，开凿于北魏时期。石窟依山开凿，布局严密复杂，是我国雕塑艺术中的精品之作。

麦积山石窟

麦积山石窟位于甘肃天水，始建于后秦时期，以精美的泥塑艺术闻名世界，被称为"东方雕塑艺术陈列馆"。

宏大而不失精美的石窟群
不仅是人们精神的寄托
更是人们对美好生活的向往

十八乱冢的传奇

——青釉仰覆莲花尊

"流水的王朝，铁打的世家。"

　　青釉仰覆莲花尊出土于河北景县封氏墓群。该尊通体施青灰色玻璃质釉，长颈溜肩，圆腹。口沿贴六个团花，肩部贴六双环形系。上下部莲瓣相呼应。口上附一雕刻莲花状的器盖。此尊集堆塑、镶贴、雕贴诸技于一器，造型雄伟，装饰富丽，是研究北朝瓷器及其装饰工艺不可多得的重要实物资料。

　　莲花尊成型和烧制都是比较困难的，成型采用分段拉坯和泥条盘筑两种方法，烧造过程中对窑炉的湿度和温度要求很高，说明北齐时制瓷工艺已经具备相当高的水平。莲花尊装饰的莲花瓣、忍冬、宝相花、璎珞等纹饰与佛教密切相关，用

于随葬代表逝者的一种精神寄托。

封氏家族是北魏至隋朝时的门阀士族，其官位之高，人数之多，在当时是十分少有的。当时朝廷选拔官员主要参考家族门第，因而社会的权力大都集中在名门望族手里。这种门阀制度始于三国时期的曹魏政权，隋朝以后才慢慢结束，延续了400多年。

社会制度

乱世催生出了新的制度和社会现象。

九品混通

北魏前期实行的赋税制度"九品混通",把农户按财产的多少分为九等,再把国家规定正税的平均税额按等级分摊给各户。

均田制

为了保障国家税收的来源,北魏政府把国有土地分配给农民,农民向政府交纳租税,并承担一定的徭役和兵役。

三长制

北魏的"三长制"规定五家一邻长,五邻一里长,五里一党长,他们的职责是检查户口,监督农业生产,征收赋税,征发徭役和兵役。

部曲

"部曲"的产生和战争密切相关,他们是既要种地、又要保卫地主豪强的武装耕种者。

在强敌环伺的背景下
只有革新制度
王朝才能延续下去

佃客

依附于世家豪强，靠租种土地来谋生的佃农，被束缚于土地上，忍受着残酷的剥削。

互市

在政府的主持下，中原王朝与周边各族之间的商品交易，被称为"互市"。南北朝时期，它有效地促进了南北方的经济发展，但常常因为南北关系的破裂而告终。

这些当时出现的制度和现象
深远地影响着后世

交聘

南北朝对立时期，除了战争之外，双方还会互派使者访问，和平往来。

府兵制度

府兵平时是农民，农闲时参加训练，战争爆发时自备武器和马匹参战。

唐三彩的祖先
——白釉绿彩长颈瓶

"泥土与火焰上的写意画。"

白釉绿彩长颈瓶出土于河南安阳北齐范粹墓。该长颈瓶造型规整、古朴，侈口，颈细长，腰部呈椭圆形，鼓腹，下为实足平底。器身通体施白釉，釉层薄而滋润，腹部一侧施翠绿色彩釉，绿色彩釉晕染而开，产生了一种朦胧之美，这种施釉方法增加了色彩的变化，也将瓶身衬托得超凡脱俗。

这个来自北齐的长颈瓶，为了增加其白度和亮度，还使用了"化妆土"，施用"化妆土"可使粗糙的坯体表面变得光滑平整，釉层外

观显得光亮柔和。此瓶还开创了中国瓷器色调从单一向多彩阶段过渡的先河，为后世绚丽多彩的唐三彩奠定了工艺基础。

白釉绿彩长颈瓶是北齐最大的瓷器生产基地——相州窑的作品。相州窑所产的瓷器工艺多样，品种丰富。范粹生前必定陶醉于这件来自于相州窑的"爆款"，于是在他死后，家人将这件白釉绿彩长颈瓶葬于他的身边。

文物档案

名称：白釉绿彩长颈瓶
年代：北朝
材质：瓷
规格：高22厘米
　　　　口径6.8厘米
出土地：河南南阳
收藏地：河南博物院

科技与文化（一）

此时的科技与文化，在艰难的境地里生存发展。

范晔与《后汉书》

南朝刘宋著名史学家范晔所著的《后汉书》，博采众书，结构严谨，与《史记》《汉书》《三国志》合称"前四史"。

《文心雕龙》

《文心雕龙》是南朝文学理论家刘勰创作的一部文学理论专著。

江郎才尽

江淹年轻时写得一手好文章，到了晚年却什么也写不出来，被人们说是才思用尽。

旅行家

南北朝谢灵运是山水诗派的鼻祖，他喜好游山玩水，被称为"大谢"。

魏碑

南北朝刻石以北魏最精，刻石上的书法对后世产生了巨大的影响。

"画龙点睛"张僧繇

南北朝画家张僧繇擅长画佛、龙、鹰，有"画龙点睛，破壁飞去"的传说。

《诗品》

因看不惯贵族公子哥写诗刻意雕琢，钟嵘写了《诗品》来批评这种社会风气。

宗炳

南朝著名画家宗炳，酷爱游山玩水，所著《画山水序》是中国最早的山水画理论著述。

南北朝是一个分裂、动荡的时代
也是一个民族大融合
文学艺术获得巨大成就的时代

科技与文化（二）

混乱的时局，造就了丰富多彩的文化生活。

数学进步

南北朝数学家祖冲之首次将"圆周率"精算到小数点后面第七位，领先世界1000多年。

历法进步

《大明历》是南北朝科学家祖冲之创制的一部历法，提高了历法计算的精确度，为后世的天文研究提供了正确的方法。

郦道元与《水经注》

北魏地理学家郦道元所著的《水经注》，是中国古代最全面、最系统的综合性地理著作。

饮酒之风

魏晋南北朝时期，酒禁解除后，酒市兴旺发达，饮酒十分普遍，醉死酒场的不乏其人。

在那个战乱纷争的年代
当时的文人们远离政治议题
自在逍遥

谱学

在门阀政治的影响下，谱学大盛一时。各豪门望族为巩固社会地位和政治权利而撰修家牒，以彰显自身血统、门第及婚宦。

贾思勰与《齐民要术》

北魏著名农学家贾思勰所写的《齐民要术》，是中国现存最早、最完整的农书，被称为"中国古代农业百科全书"。

饮茶之风

魏晋南北朝时，文人认为饮茶相比于整日流连于酒肉中，更能体现自己独特的精神气质。

围棋盛行

围棋是南北朝时期最盛行的一项体育活动，上至帝王将相，下至平民百姓，都以擅长下棋为荣，皇帝刘裕甚至以官位为赌注和他人下棋。

住房也艺术

南方园林式住宅崇尚自然美，北方住宅向高层发展，砖已经开始大规模使用。

贵族们以各种形式
表达着自己的思想与追求
构成了当时独特的社会风气

冶铁技术

冶铁业由政府管理经营，促进了社会经济的发展，最大的铁器生产地在江南地区。

人们将铁矿石作为原材料冶炼成铁，再把铁铸造成铁制用具。

战国时的铁具一般是农具，西汉时出现了大量铁制兵器，南北朝时期的冶铁技术达到了高峰。

鼓风机的发明是冶铁技术的一大进步。

冶铁业的发展，为社会提供了更多的就业机会和消费市场，提高了国家经济收入。

南北朝时期已经出现了技术更为先进的灌钢法，用此法制作的兵器坚韧锋利。

南北朝兴衰图

统一北方

统一北方 北魏 439 年

北魏分裂

刘宋代晋

刘裕代晋 宋 420 年 齐 479 年

479 年 501 年

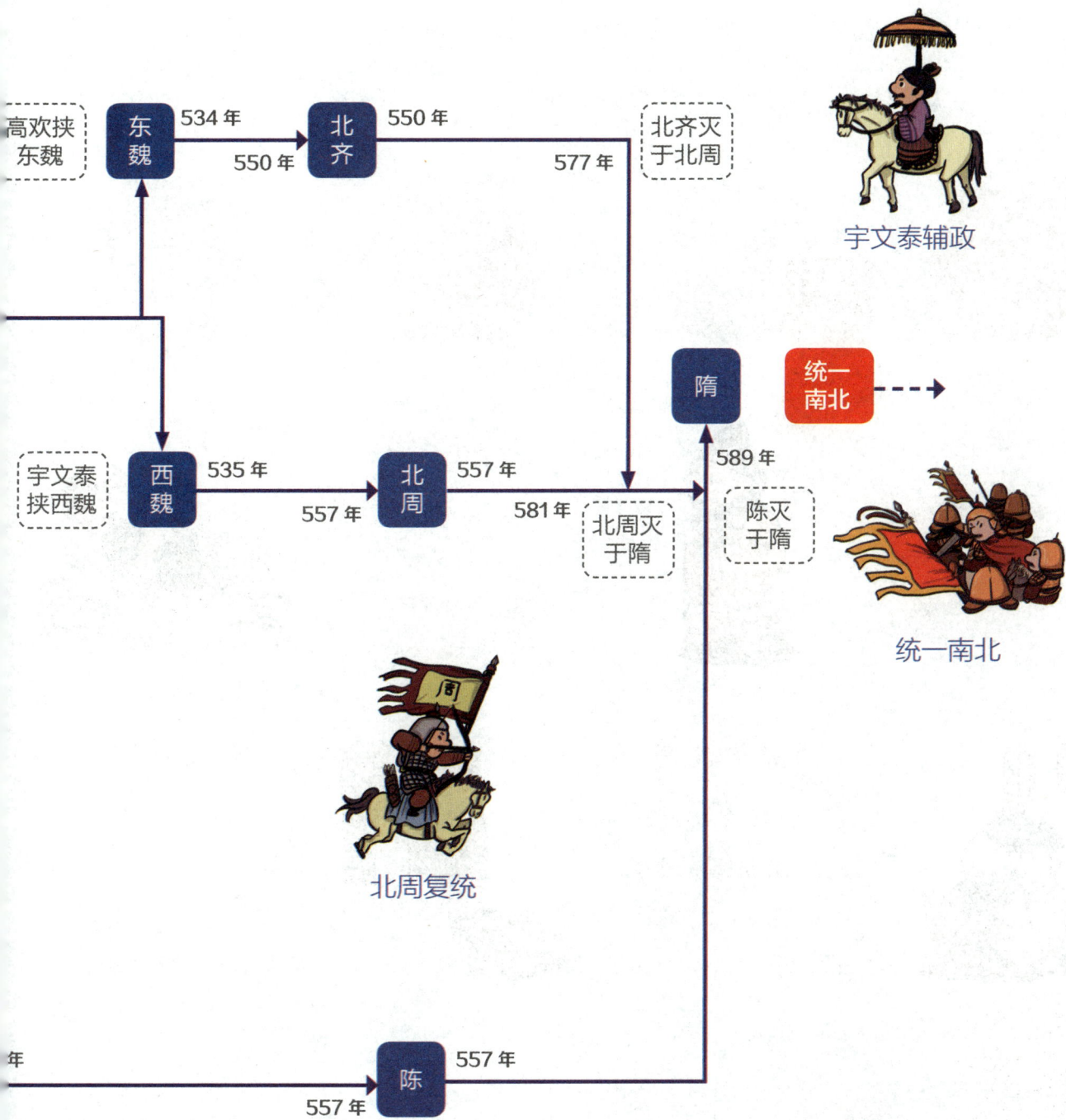

```
高欢挟     东     534年      北      550年              北齐灭
东魏       魏               齐                         于北周
                 550年              577年

                                                     隋        统一
                                                              南北
         宇文泰    西     535年      北      557年              589年
         挟西魏    魏               周                          陈灭
                        557年              581年    北周灭      于隋
                                                   于隋

                                           北周复统

年               陈      557年
         557年
```

宇文泰辅政

统一南北

北周复统

南北朝历史大事记

420—589 年

439 年 · **471—499 年** · **482—493 年** · **523 年**

统一北方

北魏太武帝统一北方后，中国历史正式进入南北朝时期。

永明之治

齐武帝在位期间，为政清明，外御强敌，内保民生，史称"永明之治"。

孝文帝改革

北魏孝文帝通过一系列改革措施将北魏政权汉化，稳固了北魏的统治。

六镇大起义

北魏北方六镇戍卒和各族人民发动起义，致使北魏政权受到极大冲击。

534 年

549 年

577 年

589 年

北魏分裂

北魏分裂为东魏和西魏，魏的统治名存实亡，不久后东魏、西魏也相继灭亡。

北周复统

周武帝东征混乱的北齐，于次年攻克邺城后统一北方。

侯景之乱

降于梁的东魏将军侯景攻占都城建康，并将梁武帝活活饿死，掌控了梁朝军政大权。

隋统一全国

隋文帝灭掉陈朝，统一全国。

图书在版编目（CIP）数据

藏在博物馆里的中国历史·三国两晋南北朝那些事
儿 / 有识文化，成都地图出版社编著；李红萍绘 . -- 成
都：成都地图出版社有限公司，2022.3
ISBN 978-7-5557-1861-1

Ⅰ. ①藏… Ⅱ. ①有… ②成… ③李… Ⅲ. ①中国历史—
三国时代—通俗读物②中国历史—魏晋南北朝时代—通俗
读物 Ⅳ. ① K209

中国版本图书馆 CIP 数据核字（2021）第 263637 号

藏在博物馆里的中国历史·三国两晋南北朝那些事儿
CANG ZAI BOWUGUAN LI DE ZHONGGUO LISHI·SANGUO-LIANGJIN-NANBEICHAO NAXIE SHIR

策　　划	唐艳
主　　编	鄢来勇　刘国强　黄博文
副主编	姚　虹　范玲娜　唐艳
责任编辑	陈　红　魏玲玲
审　　校	魏小奎　吴朝香　王　颖　赖红英　田　帅
责任校对	向贵香
审　　订	肖圣中　邹水杰　毌有江　李春燕　李青青
	聂永芳　刘国强　姚　虹　张　忠　程海港
出版发行	成都地图出版社有限公司
印　　刷	运河（唐山）印务有限公司
经　　销	全国各地新华书店
开　　本	880 毫米 ×1230 毫米　1/16
印　　张	6
字　　数	80 千字
版　　次	2022 年 3 月第 1 版
印　　次	2022 年 3 月第 1 次印刷
书　　号	ISBN 978-7-5557-1861-1
审 图 号	GS（2022）16 号
定　　价	36.00 元